心に目覚める

Awakening to Your Mind

AI時代を生き抜く「悟性」の磨き方

大川隆法
RYUHO OKAWA

まえがき

幸福の科学の初期の頃には「心の教え」をかなり説いた。しかし教団が大きくなり、この世の仕事とリンクする面が大きくなってくると、知識・情報の処理・分析を教えているように思う人も増えてきた。

私の悟りも、大量の知識・情報を処理することで身につけたものと感じる人が増えたらしい。その結果、「心が発見できない」仏弟子も現れて来た。「学歴即悟り」と考えたり、「霊格が高いと美人度が高い」と考えるような外道《げどう》がまかり通るようになる。それだと結局、悟りとは、この世の常識や知恵と大差のないものになるだろう。

もう一度、原点に還《かえ》り、ＡＩ時代に忘れられかかっている「心の総論」を説いてみた。これが「宗教の悟り」への入口だ。この向こうに、千年経《た》ってもＡＩが届かない世界がある。

二〇一九年　八月九日

幸福《こうふく》の科学《かがく》グループ創始者兼総裁《そうししゃけんそうさい》　大川隆法《おおかわりゅうほう》

心に目覚める　目次

心に目覚める

―ＡＩ時代を生き抜《ぬ》く「悟性《ごせい》」の磨《みが》き方―

二〇一九年八月四日　説法《せっぽう》
幸福の科学 特別説法堂にて

9

「悟性」のパワー　97

心に目覚める

――ＡＩ時代を生き抜《ぬ》く「悟性《ごせい》」の磨《みが》き方――

二〇一九年八月四日　説法《せっぽう》

幸福の科学　特別説法堂にて

1　これからの時代における必須《ひっす》教養

知っておきたい「西洋型思考」と「東洋系人生観」の違《ちが》い

最近、「心がない」とか「心が分からない」というような言葉を使う人に会うこともよくあります。

「心」というものについての教えは、宗教にとって、比較《ひかく》的、「入り口の教え」でもありますし、ある意味では「卒業の教え」でもあると言えるのですが、今回は、この心についての話をしてみたいと思います。

現代においては、知識が多くなり、知識学習にかなりの時間が取られることもあって、昔の人と比べると、現代人は脳を動かすことが多くなってきています。そのため、「脳が心だ」と思っている人がかなり多いのです。あるいは、「脳の作用が心だ」と思っていると言うべきかもしれません。

特に西洋型のものの考え方のなかには、そういった考え方が多くあり、西洋型思考を学んだ人は、往々《おうおう》にして、「心は脳の作用の一種」というように考えやすい傾向《けいこう》があります。

一方、東洋系では、昔から勉強自体はあるものの、その勉強する内容としては、中国の古典などでも長らく人々に読まれたもの、例えば儒教《じゅきょう》のように、人の生き方や人生観にかかわるものなどを勉強していたことが多いため、心を単なる「頭の作用」と思っていないところがあります。心の位置が頭よりも、もう少し下に降りてくる感じがあるのです。すなわち、胸、あるいはお腹《なか》のあたりに心があるような感じがしてくるわけです。

インドの思想などを読んでも、やはりそういうところが多いようです。魂《たましい》なども、胸のあたりから小さく出てくる〝玉〟のような感じに捉《とら》えているものが数多くあります。

したがって、日本においては、「人生の生き方」についての中国的な教えも入っていますし、インドから入ってきた「仏教的な考え方」も入っているため、学ぶということが、「頭の機能」だけではなく、同時に「心の働き」のように捉えられている面もあるかと思います。

日本人が考え続けた「心」と「魂《たましい》」

また、日本独自のものとしては、和歌や俳句のようなものも昔から出てきていますが、短い言葉のなかに、歌詠《うたよ》みをした人それぞれの、ある種の感動や感《かん》銘《めい》のようなものが述べられており、それが時代を超《こ》えて人々の心を揺《ゆ》さぶってくるところがあります。

十分に知識型人間だと思われる人が詠んだ和歌や俳句を見れば、その短い文章のなかに、「ああ、こういう人なんだな」といった、人となりが表れてくるようなこともあるでしょう。

例えば、吉田松陰《よしだしょういん》という人は、「万巻《まんがん》の書を読め」と繰《く》り返し教えていました。「万巻の書を読むに非《あら》ざるよりは、寧《いずく》んぞ千秋《せんしゅう》の人たるを得ん」という言葉が遺《のこ》っています。「万巻の書を読まずして、どうして千秋の人（千年も後《のち》に名前が遺るような人）になれようか」ということを言っていたわけです。

これは、一見、知識学習の方途《ほうと》を勧《すす》めているようにも見えるのですが、松陰が死に直面したときの和歌を見ると、知識的な人間であるだけではなかったことがよく分かります（注。吉田松陰の辞世《じせい》の句は、「身はたとひ武蔵《むさし》の野辺《のべ》に朽《くち》ぬとも留置《とどめおか》まし大和魂《やまとだましい》」。また、松陰が江戸《えど》に護送される途中、高輪《たかなわ》・泉岳寺《せんがくじ》を過ぎるときに詠んだ歌は、「かくすればかくなるものと知りながらやむにやまれぬ大和魂」）。

三十一文字《みそひともじ》に詠まれたその言葉を読めば、心、そして魂というようなことを考え続けた人であることが分かるでしょう。

このようなところが、もはや、現代人には十分に理解できなくなってきているのではないでしょうか。

「AI自身がAIをつくり出す時代」に、人間の仕事はどうなるのか

特に、「知識教育」が「テクノロジー」のほうと結びついた場合には、心が不在になることもあります。

「コンピュータ」、さらに最近では「AI」という言葉がよく使われますが、人工知能が進化していくと、人間が持っている諸機能を次第《しだい》に代用してくれるようになるでしょう。

とりわけ、今、恐《おそ》れられていることとしては、この西暦《せいれき》二〇一九年の夏から、

あと十年もすれば、おそらく、ＡＩ自身が自分よりも優《すぐ》れたＡＩをつくり出せる時代に入るだろうということです。自分の限界を知って、自分よりも優れたＡＩをつくり出せるようになるだろうと言われています。つまり、ＡＩ自体がまるで教育機能でもあるかのように〝先生役〟を買って出て、自分以上のＡＩをつくり出すわけです。

そのように、進化し、発展するＡＩができてくると、人間の仕事はどんどん減っていくであろうと言われています。「今ある仕事の九割はなくなるのではないか」とまで言われており、実に厳しいことです。

例えば、自動車工場では、ロボットが自動車を組み立てています。これは、一定の方式で、「こういう車をつくる」というプログラムを組めば、そのようなものができてくるわけですが、自己進化するＡＩが出来上がると、どうなるでしょうか。「いや、そんな車ではなくて、こういう車のほうがもっといいのではないか」という提案をし、企画《きかく》して、さらにその結果を自己評価できるようなＡＩが出てくるようになると、人間の機能をそうとう取られてしまうのではないかということです。

そういう時代が来るかもしれません。下手《へた》をすれば、人間の働きに関しては単純労働しか残らないかもしれないのです。高度な知能活動は機械類が行うようになり、「人間ができるのはごく単純な部分のみ」というようになる恐れがあると言えなくもありません。

2　ＡＩの苦手《にがて》分野、人間の生き筋《すじ》

ＡＩの苦手分野と未来の仕事①――創造性の高い仕事

では、ＡＩが苦手《にがて》な分野とはどこでしょうか。

碁《ご》や将棋《しょうぎ》では、すでに名人級を破るところまで来ています。しかし、先ほど述べた短歌や俳句のようなものであれば、ＡＩはまだまだ人間には及《およ》びません。小説についても、残念ながらＡＩが書いたものは、まだそこまで行かないでしょう。絵であれば、写真のようにそっくりのものを描《か》くことは可能でしょうけれども、自由に創作するものになると、やはり物足りないものが出てくるのではないでしょうか。

このように、「ＡＩにできないものは何か」ということを考えてみれば、未来において人間に残される余地が分かってくるとも言われています。

ＡＩが苦手なものとは、やはり、「創造性の高い仕事」「クリエイティブな仕事」でしょう。人間の未来にまだ残されているものは、クリエイティブなところ、今までにないものをつくっていくようなところであり、そこには、ＡＩに支配されずに済むかもしれない分野が残っていると考えられます。

「ＡＩにできないものは何か」
ということを考えてみれば、
未来において人間に残される余地が
分かってくる。

ＡＩの苦手分野と未来の仕事②——マネジメントの力

もう一つ、ＡＩには取って代わることができないと思われているものは、「マネジメント」にかかわるところでしょう。マネジメントというのは、「経営管理」、あるいは「経営そのもの」であってもよいのですが、さまざまな人を集めて組織をつくり、大勢の人が力を合わせて一定の目的を達成するために必要なものです。

それぞれの人の能力も違《ちが》えば、気性《きしょう》も違う、年齢《ねんれい》も違う、経験も違う、男女の性別も違う、感じ方も違うわけです。また、同じ命令を受けても、違うように受け取る人もいます。

こうした多種多様な人々、人種や皮膚《ひふ》の色、思想・信条や宗教の違い、男女の違いも含《ふく》めて、大勢の人を使い、一定の目的を持った仕事をしていこうとすると、それほど簡単に、機械のようには動かないところがあります。

そうした人々を結びつけて一定の方向を目指させるには、マネジメントが要《い》ると言われているのです。

「マネジメント」という言葉はいろいろな意味を持っていて、目標管理的に言う場合もありますが、結局、人と人とのバラバラな側面を協調させ、調和させていく力がなければ、組織、あるいは会社、その他の団体等において、まとまった大きな仕事を続けていくことができないということです。

ＡＩの苦手分野と未来の仕事③

――交渉《こうしょう》・営業・サービス系の力

もう一度まとめると、ＡＩの苦手なものとしては、一つには、小説、短歌、詩など、芸術的な分野も含んだ「創造的なもの」が弱いと言えます。もう一つには、人々のさまざまな「考え方」や「心の働き」を含んだ集合体を取りまとめて、志《こころざし》を持たせ、よい方向に持っていくような能力を発揮することは、ＡＩは下手《へた》だと言えるでしょう。

さらに、ＡＩではなかなか乗り越《こ》えられないと思われるものは、「営業」のところです。

「人対人」で交渉《こうしょう》したりするもの、押《お》したり引いたりしながら、落としどころを考えていくようなものに関しては、こちらとしては推進したいと思っていても、相手には相手の考えがあって、なかなか思うようにはいきません。

そのように、異なる考えがぶつかったときには、勝ち負けだけで済む問題ではないところがあります。碁石や将棋の駒《こま》を動かすのとは違って、「人間対人間」の場合には、「完全な勝ち」も「完全な負け」もありません。

そうしたなかで、「人対人」で物を売ったり買ったり、あるいは、サービスを提供したり受けたりしてどう思うかなどには、いろいろなことがあるわけです。

このような「営業・サービス系のマインド」については、ＡＩではなかなか乗り越えられないものがあるのではないかと思います。

ＡＩには、自分で計算して、「こうすれば、これだけの利益が出る」とか、「メリットがある」とかいうような判断ができる可能性はありますが、相手が

「独立した考える生命体」である場合には、計算したとおりには動かないことがあるわけです。

このように、「創造性のある分野」「マネジメントが必要な分野」、さらに、「営業が必要な分野」「交渉が必要な分野」などでは、ＡＩは十分ではなく、次の世代のＡＩになっても、完全には乗り越えられないだろうと思われているのです。

ＡＩが取って代われない「人間の最後の砦《とりで》」――心の力

逆に言えば、ＡＩが取って代われない、取って代わるのがとても難しいところこそ、「人間の最後の砦《とりで》」と言えば、「最後の砦」です。

それは何かといえば、心の問題ということになってくるわけです。

人には「心」があります。しかし、「AI、コンピュータ等に心があるか」と言われると、それはなかなか難しいところがあるでしょう。一定の機能はあるし、合理性はある。計算もできる。有利か不利かの判断はできる。しかし、心とは何かについて、それを指し示すことは簡単ではありません。

実は、経済活動などにも人間の心はそうとう影響《えいきょう》していて、心理的な影響はかなりあるので、コンピュータ系統を使ってデータ処理をし、統計学的にだけ考えていると、間違うことがよくあります。

人間には、「心理」というものがあります。「個人の心理」もあれば、「集団の心理」もあります。そうした心理がどう動くかを読むのは、実は、データ処理だけでは困難な面があるのです。

ＡＩが取って代われない、
取って代わるのがとても難しいところこそ、
「人間の最後の砦《とりで》」と言えば、
「最後の砦」です。
それは何かといえば、
心の問題ということになってくるわけです。

3 あなたの心に最初に出てくる「本能」を分析《ぶんせき》

人間に最初に出てくるのは動物的本能

この「心」の問題について、さらに深く入っていかなければならないと思います。

人々が、「あなたの心とは、どういうものですか」と訊《き》かれて、どう答えられるかという問題がありますが、いちばん最初に各人から出てくるものは、いわゆる「本能」の部分であろうと思うのです。これはおそらく、昆虫《こんちゅう》や動物にも、ある程度、備《そな》わっているものだろうと思います。

また、科学者のなかには、「人間は動物の進化形にしかすぎない」と思っている人も数多くいますし、現代の教育でも、ホモ・サピエンスというのは、猿《さる》から類人猿《るいじんえん》、類人猿から人類へと変わってきたものだと考えられています。猿では十分ではなかった道具を使えるような存在になり、そこからだんだん進化してきたように思われているところがあるのです。

快・不快の原則――生命体が持つ「心の原始的なかたち」

そこで、本能の領域で考えると、各個体は、昆虫であれ、動物であれ、人間であれ、「地上にある生命体」と自分で思っているものを護《まも》ろうとする本能が働きます。

この「護ろう」という判断においては、自分に快感をもたらすもの、快楽をもたらすものは喜んで受け入れようとし、自分に苦痛、悲しみ等を与《あた》えるものは避《さ》けよう、あるいは軽減しようとする傾向《けいこう》が一般《いっぱん》的にはあります。

これは、「快・不快の原則」と言われるものです。

こうした本能は、〝原始的なかたち〟での心の存在かもしれません。人は、自分に快楽を与えるもの、快感を与えるものを好み、自分に苦痛を与え、悲しみを与えるものを避けようという選択《せんたく》をします。たいていの場合は、そのようになるのです。

これが、心というものが生まれる始まりかもしれません。

人間は、本能的には、そうした「快・不快の原則」から見て意思決定をするようになります。「自分はこうしよう」、あるいは「これはするまい」と思うようになるわけです。まずは、そこから考えが始まります。

ただ、この段階では、まだ、昆虫や動物と、原理的にそう大きくは変わっていないと思います。自分が快く思っているもののほうへ行き、嫌《いや》なものは避けようとするのは、昆虫だって動物だっておそらく同じでしょう。

「自分の快・不快」と「他人《たにん》の快・不快」との調和

その気持ちが、今度はほかの「ものの考え方」や、自分が思ってもみないようなルールとのぶつかり合いを生むことになってきます。

例えば、信号機や横断歩道のない道路で、歩行者の誰《だれ》もが「向こう側に渡《わた》りたい」という気持ちを持っているとします。その場合、いちばん短距離《たんきょり》になるように直角に渡ろうとするでしょう。

ところが、現代であれば、車が走っているので、本能のままに渡りたいと思っても、いきなり車が走ってきて轢《ひ》かれて死ぬということになったら、非常に不本意です。それは、自分にとっては不本意なのですが、現実には、車を運転している人のほうは、「できるだけまっすぐに速く走りたい」と思っているわけですから、他人《ひと》が前方を横切り、ブレーキを踏《ふ》んで車を止めなければいけなくなるのは、非常に不愉快《ふゆかい》なことであるわけです。

ですから、歩行者にとっては、まっすぐに、いちばん短距離で道路を渡ることが、「快・不快の原則」から見れば快いのですが、逆に、車を運転している人の側から見れば、できるだけ速い速度でまっすぐに走りたいのに、道路を横切る人が出てくるのは非常に不快なことです。

それも、一人だけならともかく、次から次へと、バラバラバラバラと渡ってこられたら、いったいいつになったら走れるのかが分からなくなり、車を運転している人の不快感はどんどん増していくことになります。

そこで、「その調和を図《はか》る」ことが必要になってくるわけです。その結果、横断歩道というものができ、交通信号というものができてくるのです。

道を渡ろうとする人は、「道路はずーっとあるのに、なぜ、白いペンキで横線を引いたところだけを渡らなければいけないのか。ほかにも渡れるところはたくさんあるじゃないか。自分は、今ここで渡りたいのに、なぜ、あと百メートルも歩いてから横断歩道を渡らなければいけないのか」と、おそらく不快に思うことでしょう。

しかし、先ほど述べたように、道路では車が次から次へと走っていますが、いろいろなところでバラバラバラバラと歩行者に道路を渡られたら、やはり走れなくなってきます。そうなると、車そのものが機能しなくなってくるわけです。

「ルール」と「原則」が生まれるとき

そのため、横断歩道をつくるのは面倒《めんどう》なことではありますが、横断歩道をつくり、そこに信号をつくって、赤・黄・青という色分けがなされます。運転手の側から見れば、赤の場合は「止まれ」ということですし、黄色の場合は、「歩行者が渡るかもしれないから、徐行《じょこう》するなど、用心をしなさい」ということですし、青の場合は、「道路をそのまま走ってもよい」ということになります。

逆に、横断歩道を渡るほうの人間からすると、信号を見て青だったら、「渡っていいんだな」と思いますすし、黄色だったら、「ああ、そろそろ車が来る可能性があるから、気をつけなければいけないな」と思いますし、赤がついていたら、「これは車が優先だから、渡るのはやめなければいけないな」ということになります。

これが、いちおう原則です。

ただ、田舎道《いなかみち》のような、交通量が多くないところで、「車など一台も走っていないじゃないか」と思ったら、横断歩道を渡るなどということを守るのは面倒くさくなり、周りを見て自分で判断して動くようになりますし、車のほうも車のほうで、「人なんか誰もいないじゃないか」と思えば、そのまま走ることもあるでしょう。

「ルール」と「原則」に、変化や例外が生じるとき

いちおう、こうした「交通の原則」はあるわけですが、私がアメリカのニューヨークに行ったときに、驚《おどろ》いたことがあります。信号機のなかに、「人が歩く姿」と「止まれ」という絵が描《か》いてあるのですが、歩行者にとっては赤でも、平気で渡っていく人がたくさんいたので、少しショックを受けました。それは、「自己リスクで判断せよ」ということなのでしょう。

先ほど述べたように、車が来ていなければ、待つのは時間の損ですから、渡ってしまったほうがいいという考えもあるわけで、このあたりは、個人の意思

の自由の領域があることはあるのでしょう。

あるいは、車を運転する側も、警察官が近くにいるかいないかによって、運転の仕方はおそらく変わるでしょう。「警察官はいないし、監視《かんし》カメラもない」と思ったら、制限速度を超《こ》えて走ることもあれば、「監視カメラがある」と思ったら、制限速度を守ったり、「おまわりさんがいる」と思ったら用心して運転したりするようなこともあります。

そのように、「原則」はあっても、多少、本人の自由意思や例外が起きるようになります。

ただ、こうした自由意思や例外が生じるところにおいては、人間生活のなかでさまざまな混乱が起きてくるということです。

4　事例で見るとよく分かる「本能」と「喜怒哀楽《きどあいらく》の感情」

赤ちゃんの「喜怒哀楽」を見るとよく分かること

前節では、「快・不快の原則」があるということを言いましたけれども、本能に基《もと》づく「快・不快の原則」を、もう少し違《ちが》ったかたちで言うならば、「喜《き》怒哀楽《どあいらく》」という言葉になります。「喜び」や「怒《いか》り」、「悲しみ」という意味での哀、そして、「楽しみ」です。

人は、成長するにつれて、まず、この喜怒哀楽というものを感じるようになってくるのです。

例えば、赤ちゃんであれば、ハイハイができたり歩けたりすると、うれしいでしょう。自己実現ができて、うれしいと思います。

しかし、障害物が出てくることがあります。ドアが閉まっていて開《あ》かなかったら、進みたいと思うのに進めません。そうなると、泣いて人を呼ぶようなことになります。ハイハイができず、立っても歩けないということになると、進めないので人を呼ぶでしょう。

自分が不愉快《ふゆかい》で苦痛なので、悲しくなったり、怒《おこ》ってみたりするわけです。そのように、喜怒哀楽の「怒」や「哀」が出てきます。

ところが、自由に走ってもよい廊下《ろうか》が長く続いていたら、走って行ったり来たりしてもよいし、這《は》ったりしてもよいので、それが喜びや楽しみになることもあります。

そうかと思えば、その廊下の隣《となり》の部屋で、勉強したり仕事をしたりしている大人がいると、今度は、大人にとっての苦痛や怒りの原因にもなります。

そのため、大人の側から、「うるさい」とか、「静かにしなさい」とか、「廊下は走るものではない」「ここは、声を立ててふざけ回るようなところではない」といったようなことを言われることになります。

そうなると、今度は、赤ちゃんや小さな子供のほうが、「ああ、大人というのは、ずいぶん、自由を制限してくるものだな」と感じ、大人というものが、若干《じゃっかん》、窮屈《きゅうくつ》で不愉快なものに見えることもあると思います。

この場合、もちろん、その大人のほうは、今、どういう仕事をしているか、どういう立場にあるか、何を職業にしているか、仕事時間中なのか、仕事がオフで暇《ひま》なときなのか、あるいは、その日が平日か休日かによっても、感じ方が変わってくるでしょう。

例えば、大人のほうも、くつろいでいるときや、友達とつまらない雑談などをしてワイワイ言ったり、ガヤガヤと談笑《だんしょう》したりしているときであれば、子供が廊下を走ろうが、ハイハイをしようが、特に気にもならないはずです。

ところが、ごく真剣《しんけん》に学問的な話をしているとか、仕事の話をしているとかいうことになると、そうした雑音や小さな泣き声、笑い声なども邪魔《じゃま》になるように感じる人もいるでしょう。

一方、子供のほうは、自由にしたいし、「自分は今、走り回りたい」と思うときがあるわけです。それは、「ご飯《はん》は食べた」、あるいは「ミルクは飲んだ」、そして、「おしめも替《か》えてもらった。では、もう走り回ろうか」などと思っているような、ちょうどよいときです。

ところが、大人の側からすると、そうした子供の行動が望ましくない状態にある場合もあります。そのようなときには、両者の考えがぶつかるので、子供のほうは怒られたりします。そして、言うことをきかずに、「そんなことを、いちいち言ってくる大人のほうが悪い」と思ったりすることもあります。

そのように、「喜怒哀楽」といっても一律ではなく、その人の置かれた場所や時、それから、どういう人がいるかによって変わってきます。

これは社会のルールですが、そうしたものも学ばなくてはなりません。「今は大切なお客様が来ていて、親が相手をしている」というようなときであれば、当然ながら、子供は、「静かにしていなさい。おとなしくしていなさい」と言われるわけです。

しかし、子供は、最初はその意味が分からずに、「自分の自由を制限する大人の押《お》しつけだ」「戒律《かいりつ》のようなものを勝手に言ってくる」などと思って反発します。

反抗期《はんこうき》の子供に見る「喜怒哀楽《きどあいらく》」

例えば、小さいころの第一次反抗期《はんこうき》もそうです。そのころには、体がかなり自由になり、基本的な自由意志を持って、いろいろな行動ができるようになっています。

しかし、そうしたときに、「してはいけない」ことがたくさん出てきて、親から言われたり、先生から言われたり、友達から言われたり、年上の子から言われたり、近所の大人から言われたりするわけです。そのように、いろいろなことで、思わず知らず怒られることがあります。

もっとも、本人にとっては、「それが悪いことだ」とは、なかなか思えません。自分はこうするほうが幸福なのに、「そのようにするな」と言われると、怒りが込《こ》み上げてきたり、悲しみが込み上げてきたりします。

それは、私にもありました。小さいころは、お腹《なか》が空《す》いて、ミルクが飲みたくなったら泣くでしょう。しかし、母親は、仕事中なので、来客のほうを優先します。そのため、泣いても泣いても、一時間も二時間も待たされるようなこともあったのです。

そうなると、すごく冷たくされたような気になるし、放っておかれたような気にもなります。また、母親の愛情がほかの人に奪《うば》われて、自分は軽《かろ》んじられたような気になるので、泣くわけです。

ただ、泣くだけだとパッシブ（受動的）なのですが、もう少し攻撃的《こうげき》になることがあります。それは、親の嫌《いや》がることをし始めるということです。

例えば、畳《たた》んだばかりの洗濯物《せんたくもの》があったら、今度はそれを撒《ま》き散らかしたり、濡《ぬ》らしてしまったり、窓から放り投げたりして、親がかけつけなくてはいけないような状況《じょうきょう》をつくり出すわけです。

そして、「自分のほうをファースト（最優先）にしろ」ということを言うようになると、親子の葛藤《かっとう》が生まれます。

ただ、それは親の性格の違いにもよるでしょう。「私も、あなたを待たせたのは悪かったかな」と思うような親もいるかもしれないし、「なんで、一時間ぐらいじっとしていられないの」と言って、怒る親もいるかもしれません。

家族それぞれの都合《つごう》とルールのぶつかり

父親の場合は、会社勤めをしている人も多いわけですが、「伝統的に、日本人の父親が平日に子供と一緒《いっしょ》にいる時間は、平均五分ぐらいだ」とよく言われています。この統計がどこまで正確かは分かりませんが、感覚的には分かります。「子供が寝《ね》るころになると帰ってくる」という親は多いでしょう。

そのように、親の帰宅時間が子供の寝る時間よりも遅《おそ》い場合には、本当に残業で遅いこともあれば、付き合いでお酒を飲んで遅くなることもよくあります。

そのため、夜は会えないし、昼間も会社で仕事をしているので会えません。

もし、朝、父親が会社に出かける時間と、子供が学校に行く時間とが重なるようなことがあれば、朝食を一緒に食べられるかもしれません。あるいは、父親が出かけるところを子供が見るか、子供が出かけるところを父親が見るかぐらいの、ちょっとした重なった時間を持てることはあるでしょう。

とはいえ、たいていの場合、朝は忙《いそが》しいので、「トイレや洗面所などを誰《だれ》かが使っていると、ほかの人が使えない」ということで、欲求不満やストレスが溜《た》まり、朝から家族で喧嘩《けんか》が起きるようなことも、よくあると思います。

私の家も子供の数が多かったので、朝、出かけるときは、みなギリギリになり、大騒動《おおそうどう》になってしまいます。トイレなどは、みな、だいたい同じ時間に行きたがるので、ぶつかったら順番待ちができません。そのため、「争いが起きる」と見て、トイレの数を多めにつくったのを覚えています。先ほど述べた交通信号の話ではありませんが、そういったことは起きがちです。

ルールを守らない生徒と教員の苦労を見るとよく分かること

あるいは、学校の先生になると、先生一人に対して、生徒三十人とか、四十人とか、五十人とかいうように、何十人も相手をしなくてはいけません。親は、一人から二、三人、もしくは、四、五人ぐらいの子供の相手をしていればよいわけですが、学校の先生は、一人で何十人もの相手をしなくてはいけないわけです。

そのため、学級崩壊《ほうかい》がよく起きるので、副担任がついたりすることもありますが、実際、四十人を一人で教えるとなると、いちばん嫌なのはルールを守らない子供たちでしょう。

学校では、「朝は、みなで起立して、『おはようございます』と言う」というように、礼儀作法《れいぎさほう》から始まって、いろいろなルールがあるわけです。ところが、こうしたルールについて、家庭のレベルにまで引き戻《もど》して面倒《めんどう》を見ないとできないような子供がいたりすると、先生のほうも非常に不愉快になりますし、ほかの子供たちも不愉快になります。

そのようなわけで、生まれつきのところもあるものの、ほかの人と一緒のことができないような子供がいると、迷惑《めいわく》になって、それが問題になることもあります。あるいは、子供たち同士で喧嘩になることもありますし、数が圧倒的に違えば、いじめが起きることもあります。強いものや数が多いものがいたら、弱いものや数が少ないものをいじめたりして問題になるわけです。

ただ、先ほど述べたように、先生一人に対して、生徒は何十人もいることが多いので、先生の見ていないところでいじめがあっても、なかなか分からないですし、分かっていても、どうにもできないこともあります。言うことをきかない生徒が多数出てきた場合は、もう、どうにもならないのです。

したがって、子供の教育としては、まずは、「ルールを教え込む」ところから始まって、次には、「善悪というものを教える」ことになります。

5 「個々の感情」と「ルール」と「善悪」を分析《ぶんせき》

人間が集団になると、「ルール」と「善悪」ができてくる

結局、本能のままに「快・不快」を考え、「喜怒哀楽《きどあいらく》」を感じて、自分の人生を生きたがるのが人間の始まりの姿であって、それは動物や昆虫《こんちゅう》とも同じではあります。

しかし、その次には、「人間というのは、共同生活をするものである。組織のなかで生きるものである」というところがあります。人間は、離《はな》れ小島で一

人だけで生活するロビンソン・クルーソーのような生活は、なかなかできないのです。そのため、「一定のルール」ができてくるわけです。

例えば、その教室で、その科目で、やってよいことと悪いことがあります。あるいは、「親しき仲にも礼儀《れいぎ》あり」で、男子生徒が女子生徒にしてはいけないこと、女子生徒が男子生徒にしてはいけないこともあるでしょう。スポーツにもルールがありますし、勉強のほうにも一定のルールがあって、教科書に書いてあるルールに則《のっと》ってやらなければいけません。

こういうことを、いろいろと学んでいくわけです。集団生活や組織のなかでは、自分の「快・不快の原則」だけで生きていくことはできないということを学ぶようになります。「ほかの人は、どうなのだろうか」「ほかの人に迷惑《めいわく》がかかるのか」「これについて、ほかの人も同じようによいと思うのか」といった

本能のままに
「快・不快」を考え、「喜怒哀楽《きどあいらく》」を感じて、
自分の人生を生きたがるのが
人間の始まりの姿であって、
その次には、
「人間というのは、共同生活をするものである。
組織のなかで生きるものである」
というところがあります。
そのため、「一定のルール」ができてくるわけです。

ことを学び、ルールに則るということです。

「多数決」と「善悪」の兼《か》ね合いをどう考えるべきか

また、善悪の問題というのも出てきます。「多数なら善だ」とは、必ずしも言えないものもあるわけです。

例えば、算数の勉強などをやっていると、「面白《おもしろ》くない」と思う子もたくさんいるでしょう。そのため、みんなに多数決を採ったら、「校庭へ出て、遊ぼう」というほうが多数になるかもしれません。

ただ、それが「多数だから善」かといえば、必ずしもそうとは言えないのです。

学校という特殊《とくしゅ》な空間においては、「定められた科目について、一定の実力になるまで教えなければいけない」という目標があります。先生は、その学年の目標まではいちおう教えなければいけないので、「君たちはみんな遊びたいだろうけれども、幼稚園《ようちえん》と同じではないんだ。幼稚園では、お遊戯《ゆうぎ》をしていて、勉強はしないかもしれないけれども、小学校以降は、そうではないんですよ」というようなことになってくるわけです。

もともとの「本能」から「喜怒哀楽」のあたりは、昆虫や動物とも相通じるものもあるのですが、人間の場合、共同生活をしていく上で、ルールができてきたり、善悪の問題が出てきたりするのです。

動物の集団にもルールがある

動物でも、集団生活をしているものはいるので、そのなかには、人間ほどではないにしても、多少なりともルールがないわけではありません。

例えば、動物園の猿山《さるやま》に行けば、「ボス猿」というのは必ずいて、ボス猿の命令に従わなければ激しく攻撃《こうげき》を受けます。ボス猿の命令をきかない猿に対しては、ほかの猿も一斉《いっせい》に、みんなでやっつけるようなことも起きるのです。

また、シマウマなどであれば、そう強くないので、ライオンやコヨーテ等に狙《ねら》われたときには、「集団で身を護《まも》る」というルールを覚えます。集団で逃《に》げたり、場合によっては、みんなで円陣《えんじん》を組んで後ろ足で蹴《け》ったりすることもあります。

このように、動物にも、生活の上で一定のルールが存在する場合があります。

「人間の集団」と「動物の集団」との違《ちが》い

人間は、まだ年齢《ねんれい》が低いうちは動物と同じようなところもありますが、人間の生活は、だんだん動物よりも複雑になってきます。

例えば、「今日はお昼の弁当を持ってくるのを忘れた。でも、お昼になったらお腹《なか》が空《す》いて、隣《となり》の子の弁当がおいしそうだったので、自分は食べたかったから、それを取って食べた」としましょう。

すると、当然ながら、取られたほうも怒《おこ》りますし、周りの人も怒ります。

しかし、先ほど述べたような本能の延長上にいる人は、何が悪いか分かりません。「自分はお腹が空いていて、食べたい弁当があるんだから、食べてもいいじゃないか」などと思うわけです。

実際、動物の世界では、おそらくそうでしょう。「ほかの動物が目を離した隙《すき》に、食料を取って食べる」といったことは、いくらでも行われています。取られたほうが、怒って追いかけるのは同じですが。

要するに、人間と動物の違《ちが》いは、「許可なく、他人《ひと》のものを取って食べてはいけない」ということを、ルールとして教わるところです。なぜなら、取ったほうはそれでよいかもしれないけれども、弁当を取られて食べられたほうは怒るし、悲しむからです。

「弁当をたくさん持ってきすぎたので、分けてあげる」と言っている場合は別ですが、そうでなければ、勝手に取ってはいけないわけです。

人間の世界では、そういったルールが増えてきます。

自分にとってはよいことでも、他人が、それによって損をする場合には、なかなか許されないことが多くなってくるでしょう。

それが一対一の場合は単なる喧嘩《けんか》になりますが、他の多数の人が見ていて、「それは、弁当を取ったほうが悪い」と思えば、それについて、いろいろと非難を受けることになり、集団でそう思うのであれば、「悪」と判断されるようになります。

ところが、両親もいなくてお腹を空かせた子供が、どうしても我慢《がまん》できなくなり、例えば、パン屋の売れ残ったものなどを失敬して、食べてしまうといった場合には、判断が分かれることもあります。

その行為《こうい》自体は泥棒《どろぼう》かもしれないけれども、周りの人が見て、「この子は、もう何日も食べていないから、このくらいは許してあげたほうがいいのではないか」ということもあるでしょう。

そうすると、先ほど述べた「善悪の基準」が変わってくる場合もあります。

集団になってくると、こういったことをみんなで考えるようになってきて、「どのようにしたら、世の中がうまくいくか」という考えになるわけです。

6　あなたの「人間観」と「善悪観」を分析《ぶんせき》

「性善説」と「性悪説」、それぞれの人間観

人間についての見方として、一つには、「性悪説」というものがあります。「人間は、もともと悪を犯《おか》す素質を持っている。放っておいて、自然状態に置けば、悪を犯すのだ。自然状態に置けば、人間はすぐに戦争をして人を殺したりするものだから、それに対して、戒《いまし》めを乗せて、悪を犯させないようにしなければいけない」という見方です。

一方、「性善説」というものもあります。「人間はもともと、よいものとしてできている。赤ちゃんのなかには、将来、お坊《ぼう》さんになる人も大泥棒《おおどろぼう》になる人もいるかもしれないけれども、赤ちゃんの時代は、それほど大きく変わらない。みな、素直《すなお》で天真爛漫《てんしんらんまん》だ。それが、育っていく過程の環境《かんきょう》や、さまざまな人からの影響《えいきょう》で、悪くなったりすることがあるのだ」というような、「人間の本性《ほんしょう》は、もともと善である」という考え方もあるわけです。

東洋思想の儒教《じゅきょう》の「性善説」と、それに対する「性悪説」

儒教《じゅきょう》で言えば、孔子《こうし》、孟子《もうし》と続きますけれども、孟子の教えなどは性善説です。例えば、「子供が井戸《いど》に落ちようとしている、あるいは落ちてしまった場合、善人だけが、その子供を助けようとするだろうか。いや、そうではないだろう」といったことを言っています。

戦場で人を殺したり、仕事として、暴力団ややくざのような仕事をしていて、この世的には悪の行為《こうい》をやっている人であっても、井戸端《ばた》にいる子供が、井戸のなかに落ち込《こ》もうとしていたり、実際に落ちてしまって、「助けてーっ」と叫《さけ》んだりしているのを知れば、その子供を助けようとするでしょう。

あるいは、池に落ちた子供がいたら、この世における法律的な善人、悪人といった判断は別にして、やはり、誰《だれ》でも、「助けたい」という気持ちは本能的に持っているでしょう。

これをもって、性善説を唱《とな》えるわけです。

「本来、人間の本性は善なのだ。それが、さまざまな事情によって、心が歪《ゆが》んできて、悪と分類されるようになる。ただ、これは善導していけば、だんだんよくなっていくのだ」というものの考え方です。

これに対して、性悪説のように、「人間はもともと悪を犯すものなのだから、厳しくしつけなければいけない、教えなければいけない。ときには刑務所《けいむしょ》に入れたり、刑罰《けいばつ》を与《あた》えたりすることで善導しないと、分からないのだ。自分が痛い目に遭《あ》わないかぎり、ほかの人のことなどは考えもしないのだ」という考え方もあり、実は、両方の考え方が混在しているのだろうと思います。

宗教思想に見る性善説・性悪説と戒律《かいりつ》

宗教的に見ても、おそらく、「悪を咎《とが》める考え方」もあれば、「善のほうを強く見る考え方」もあるでしょう。

自由を善とする考え方から見れば、いろいろな戒律《かいりつ》があったり掟《おきて》があったりすることは、非常に人間を縛《しば》るように見えるかもしれません。しかし、たいていの場合は、「経験上、こういうことをしていると人間は駄目《だめ》になる」というようなことを禁止する趣旨《しゅし》のものが多いのです。

宗教の戒律①――殺すなかれの戒《いまし》め

例えば、旧《ふる》い宗教などを見ても、「人を殺すなかれ」というような教えがあります。

確かに、学校で共同生活をしていて、クラスメイトが誰かを窓から突《つ》き落として殺したとか、ナイフで刺《さ》して殺したとかいうようなことになれば、当然みな、「人殺しをした人とは一緒《いっしょ》に勉強したくない」と言うでしょう。

そうしたこともあるでしょうから、古典的になかなか許せないものはあるわけです。

宗教の戒律②——飲酒への戒《いまし》め

それから、お酒などもそうです。

大人はお酒を飲んでもよいことになってはいますが、旧い宗教を見ると、お酒に関する戒《いまし》めがあるところが多いのです。あまり言わないところもありますが、やはり、人はお酒を飲むと理性が失われてくるので、罪を犯してしまうようなことがあります。あるいは、お酒を飲むと荒《あ》れてしまって、素面《しらふ》であればそんなことは絶対にしないと思うようなことをしてしまい、それを人に咎められるようなこともあります。そのため、戒めることがあるのです。

宗教の戒律③――異性関係の戒《いまし》め

それから、男女間の問題においても、「快・不快の原則」で言えば、自分が好きになったら、いろいろな異性のところに接近していき、「自分のものにしたい」と思うのは普通《ふつう》の本能でしょうし、昆虫《こんちゅう》や動物などは、その本能のままに動いていることはあると思います。

例えば、「オシドリは、一夫一婦制で非常に平和な家庭を築いている」というように言われることがあります。ところが、現実はそうではなく、別々にいるときには、ほかの雄《おす》や雌《めす》に対して求愛活動をしているとされているので、このあたりは、難しいところがあるでしょう。

「集団の経験則から来るルール」と「個々人の本能」のぶつかり

そのように、「快・不快の原則」から言えば、現実にはそぐわないのだけれども、そうしたことをあまり無《む》戒律《かいりつ》にやっていると、家庭騒動《そうどう》が起きたり、社会的な不和が起きてきたりすることが多いので、あらかじめ柵《さく》をつくり、「ここから転落しないように」といったことを教えるわけです。

こういうことがあるので、動物などに比べて、人間は社会生活が複雑になってきます。そして、そうした集団的な経験則から、だんだんと、「こうしたほうがいい」と言う人が複数出てくるようになるのですが、自分の本能のほうが強い人の場合は、それをなかなかきかないのです。

ただ、そうしたときに、「きかないままで通る場合と、通らない場合とがある」ということです。

特に、力を持っている者の場合、かえって猛獣《もうじゅう》と同じようなことになり、一般《いっぱん》社会の法則を踏《ふ》み破ることがあります。

例えば、大臣や社長など、自分には地位があるということで、普通の人ができないようなことをする人もいれば、お金、財力があり、「お金で買えないものはない」ということで、自由にやりたがる人もいるでしょう。

そのあたりに関しては、いろいろなものが出てはくるので、そのつど、その善悪についてさまざまに議論されていくことになるわけです。

7　あなたの「心の領域」と「その使い方」を分析《ぶんせき》

心の領域と使い方①
――本能から来る喜怒哀楽《きどあいらく》の「感情」

このように、「人間としての成長とは何か」ということを考えていくと、そこには、「心の発展過程」が見られてくると思うのです。

人は、最初は、本能に基《もと》づいて行動します。その本能は、主として、「快・不快の原則」に基づいて選び取ろうとします。そして、喜怒哀楽《きどあいらく》という感情を感じるわけです。感情というものは、比較《ひかく》的小さいころから持つようになります。

ただ、人間には、はっきりとは分からないけれども、おそらく、昆虫《こんちゅう》や動物にも、ある意味での感情の喜怒哀楽はあるだろうと思われますし、植物にもあるという説もあります。

例えば、植物にある種の機械を取り付けて、その反応を見ていると、人間が、「植物の葉っぱをちぎってやろう」と思っただけで、電波計の針が動くといいます。「自分に対して攻撃《こうげき》をかけてくる」ということが、植物には分かるというように言われているのです。あるいは、「モーツァルトの音楽をかけたら、生き物の育ち方がよくなる」ということも言われていますし、「動物でも性格が穏《おだ》やかになる」とも言われています。

こうしたことを見れば、植物や動物も、やはり、程度の差はあっても、ある意味での喜怒哀楽を持ってている可能性はあると思ってよいかもしれません。

この喜怒哀楽は、普通《ふつう》は「感情」といわれるものですが、人間がまだ自覚して意識を持っていない間は、この感情の領域を「心」だと思っていることが多いと思われます。

ただ、これは、一概《いちがい》には否定できないことなのです。

心の領域と使い方②
――物事を考える「知性」と「理性」

人は勉強をしすぎると、知識で物事を判断することが多くなってくるのですが、知識や情報が多くなりすぎると、感情を押《お》し殺して、そうした知識や情報で物事を判断するようになってきます。勉強をしすぎた場合に、だんだんとそうした傾向《けいこう》が出てくるのですが、これは、ある意味では「ＡＩ化」しつつあることも事実です。

そこで、もっと出発点に戻《もど》って、「では、あなたは涙《なみだ》を流すときに、『これについては、悲しいことであるから、今、泣かねばならない』と思って、涙腺《るい》《せん》が緩《ゆる》んで涙が流れるのですか。あるいは、『これは喜劇だと言われているから、笑わなければいけない』と思って笑うのでしょうか。また、『人が死んだら、葬式《そうしき》では泣かなければいけない』と言われているからというだけで、本当に泣いているのでしょうか。胸から込《こ》み上げてくるこの思いは、いったい何なのですか」という問いについて考えてみる必要があります。

そう考えると、喜怒哀楽は、やはり、原初的な心の形態ではあるわけです。

ただ、だんだん知識や情報が多くなり、ＡＩ的な判断ばかりしていると、一

知識や情報が多くなりすぎると、
感情を押し殺《お》して、
そうした知識や情報で
物事を判断するようになってきます。
これは、ある意味では
「AI化」しつつあることも事実です。

つには「理性」が発達していき、そしてまた、「知性」が発達していきます。

知性、理性が発達してくると、「こういう場合には、こうする」という方法がいろいろと覚えられるので、それでもって物事を考えるようになってくるわけです。

心の領域と使い方③ ――知性・理性を統合する「意志」

さらに、知性、理性を統合するために、「意志」というものが強く出てくるようになってきます。

知性、理性というものを〝道具〟として持ちながら、何か大きな仕事をするなり、組織をつくっていくなりしていくために、意志という領域が出てきます。

意志を強く持たねば、できなくなってくるわけです。

そのように、単なる感情だったものから、理性的判断、クールな判断、筋道《すじみち》立った判断をするようになったり、「この場合は、このようになる」というようなことをいろいろと知っていて、その知識でもって判断するようになったりします。あるいは、「知性」や「理性」を持ちながらも、「意志の力」を強く持って、「やはり、こちらの方向にやり抜《ぬ》いていかなければならない」といった考えが強くなってきたりするようになります。

8　それぞれの心の領域を調和させる

あなたは、「感情・知性・理性・意志」のどの面が強く出ているか

しかし、先ほど述べた「喜怒哀楽《きどあいらく》」を中心とした「感情」の動きも、そうした「理性」「知性」の動きも、「意志力」も、大きな意味で言えば、これらはすべて人間の魂《たましい》の働きの一部分ではあるのです。そして、その人がどこを中心に鍛《きた》えたかによって、「どの面が強く出てくるか」ということが分かれてくるわけです。

例えば、理数系をやりすぎた人は、「理性」が強くなっていき、どちらかといえば、他人《ひと》から「心がない」というように言われることがあります。

そういう人は、感情の領域が下のほうに沈《しず》んでいき、物事を知性的、理性的に考えるようになるのです。あるいは、学問的に考えるようになったためにクールになり、「こういう言葉を使ったら人が傷つく」などといったことが分からなかったりします。

また、音楽を聴《き》いても、「楽しい」とか「素晴《すば》らしい」などと感動する前に、まずは、「モーツァルトはこうで、バッハはこうで、ベートーベンはこうで……」というような講釈《こうしゃく》を始め、それを学問的に解説することが音楽だと思ってしまったりすることもあります。

それから、楽器を使って音楽を奏《かな》でたとしても、唯物論《ゆいぶつろん》的に、楽器がバラバラに機能しているだけにしか聴こえない「耳」もあるでしょう。逆に、それらの組み合わせによって、ある種の「美」や「調和」が生み出されていることを感じ取る面もあるでしょう。

「感情・知性・理性・意志」を協調させて、心を豊かに

そのように、何かの面が強くなると、ほかのことが分からなくなることもあるのです。

そのため、魂のいろいろな面を磨《みが》きながら、それらを協調させていき、トータルで物事を見ていく力が必要になります。そのような力がついてくると、「心が豊かになってきた」と言われるようになるのです。

魂《たましい》のいろいろな面を磨《みが》きながら、
それらを協調させていき、
トータルで物事を見ていく力が
必要になります。
そのような力がついてくると、
「心が豊かになってきた」と
言われるようになるのです。

本能的に行けば、自分の「快・不快」を中心にすることでしか物事を考えられない人間が多くなるでしょうけれども、「知識」や「理性」に加えて、「経験」による磨きがかかり、経験的に物事を考えられるようになっていくと、それ以外の面も見えてきます。

ですから、他人がある事柄《ことがら》について成功して喜んでいても、「それは、もしかしたら、あとで困ることになるかもしれない」といったことが分かるようになるわけです。

運命を見通す、人間としての賢《かしこ》さ――「人間万事塞翁《にんげんばんじさいおう》が馬《うま》」の人間訓

これは、「運命」ともかかわってくるものかもしれません。

例えば、「馬を飼っていたのに、その馬が逃《に》げてしまった」ということであれば、財産的にはロスになります。それは、残念なことなので、普通《ふつう》は怒《おこ》ったり悲しんだりしなければならないところでしょう。しかし、いろいろな経験を積んだ人にとっては、それが違《ちが》って見えることもあります。

その馬を飼っていた老人が、「馬が逃げたといっても、次は、もしかしたら、よいことがあるかもしれない」と言ったとします。そして、次の年になると、その馬が子馬を連れて帰ってくるようなこともあるわけです。そうすると、「ああ、悪いことだと思っていたのに、子馬を産んで、馬が増えて帰ってきた」となります。これはよいことでしょう。

ところが、「財産が増えたから、これでいいじゃないか。よかったね」と周りの人々が言っていると、その老人が今度は、「いや、これは悪いことが起きるかもしれない」などと言うわけです。それで、周りが「何のことかな」と思っていたら、老人の子供が馬に乗って駆《か》ける練習をしているうちに、馬から落ちて足を折り、片足が不自由になってしまいます。「ああ、本当だ。よいことだと思っていたら、今度は悪いことが起きてしまった。馬などいなければ足を折らなかったのに」と思って、周りの人々が「これは悪いことが起きましたね」と言うと、老人がまた、「いや、息子《むすこ》は足を引きずるようになってしまったけど、これがよいことにつながるかもしれないよ」などと言うわけです。

これは、「快・不快の原則」からすると、まったく逆のことを言っているので、人々は「不思議なことを言っているな」と思うでしょう。

そして、しばらくすると、戦争が始まり、若者はみな戦争に行って、隣《となり》近所の男の子たちは全員死んでしまいます。しかし、その老人の息子は足を引きずずっているため、戦《いくさ》に出なくて済み、家に残って、親の老後も見てくれるようになりました。すると、今度は、それがよいことになるわけです。

このように、経験というものが乗ってくると、「快・不快の原則」を超《こ》え、物事がどのように起きてくるかが経験知的に分かるようになってきます。

中国の故事《こじ》に、「人間万事《にんげんばんじ》塞翁《さいおう》が馬《うま》」（淮南子《えなんじ》――人間訓）というものがありますが、これは、先ほど述べたような、塞翁という老人が飼っていた馬の話を例にとってできたものです。経験的な考え方としては、そういうことです。

心の領域と使い方④
――心のいちばん上に立つべき「悟性《ごせい》」

そのように、「心」の領域には分けて捉《とら》えられるものがいろいろあります。

要するに、心のなかのさまざまな面として、「喜怒哀楽」の感情から始まり、「意志」の領域、「理性」の領域、「知性」の領域があるわけです。

さらに、大事なこととして、勉強しなければ、あるいは、それに接しなければ決して生まれない領域として、もう一つ「悟性《ごせい》」というものがあります。

「理性」とは、理数系的な頭脳を磨いている途中《とちゅう》で強くなっていく能力です。

「知性」とは、本をたくさん読んだりすると、身についてきやすい能力です。

「意志力」とは、いろいろと困難なことを断行しているうちに、だんだん身についてくる能力です。

そして、もう一つ、「悟性」というものがあるのです。宗教的に言えば、「悟性」が、人間の能力としていちばん上に立つものになります。

もう一つ、
「悟性《ごせい》」というものがあるのです。
宗教的に言えば、
「悟性」が、
人間の能力として
いちばん上に立つものになります。

「理性」を「悟性《ごせい》」の上に置いたカント哲学《てつがく》で生じた問題

しかし、カント的な哲学《てつがく》では、「理性」を「悟性《ごせい》」よりも上に置いたりしています。これは、理性的な人間のほうが上という考え方になるのですが、そのように、「理性が最高」というように考えていくうちに、〝神様の首が斬《き》られる〟ようになってしまうのです。そして、神がいなくても成り立つような世の中を考えるようになります。

そのように、理性を最高のものとして人間の営《いとな》みを考えると、これは先ほど述べたような、「ＡＩで判断できる世界」になっていきます。理性だけで行けば、「ＡＩで損得計算をして、どのように判断するのがよいか」といったことをするようになるのです。理性を最高だと思うと、そのようになっていきます。

これは、カントという哲学者が、本を読み、一人で思索《しさく》しながら考えた人であるために、多様な人間社会のなかで揉《も》まれていなかったことも多分に影響《えいきょう》しているのでしょう。

そうした哲学者は、数学や天文学のような、一人でできるようなものには関心を持って取り組みますし、それが、現代の仕事の一部でとても役に立つことは事実です。

人間が〝機械の補助部分〟になりつつある現代社会

しかし、現代のテレビドラマなどでも会社の場面で数多く見られるように、どの人もどの人も、机の上でパソコンを開いて仕事をしています。そういう姿を見ると、若干《じゃっかん》、人間が〝機械の一部〟として接続されてきているようにも見えるのです。

それから、道路を歩いていても、横断歩道を渡《わた》っていても、スマホやケータイを離《はな》さず、それで話をしたり何かをしたりしていないといられない人間が多くなってきているのを見ると、「今、機械に接続できるような人間になってきていて、自動的に心の分野が薄《うす》くなってきているのではないか」という危惧《きぐ》、心配があります。

現代社会の進歩は、より便利で速いものをよしとして、生産性を高めるような活動のほうに向かっていることが多いのですが、同時に、それが、人間の持っている根本的なものを失わせている可能性もあるのです。

要するに、そういう機械類がなければ生きていけないような人間が大多数になってきていて、みな忙《いそが》しく、能率よくやらないといけないわけです。

例えば、昔であれば、人と話をするためには、わざわざ歩いていって会わなければいけませんでした。それが今は、ケータイで連絡《れんらく》が取れます。また、百科事典を買っても、それが置いてあるところまで行き、引っ張り出して広げ、なかを見なければ調べられなかった項目《こうもく》が、今はスマホをいじるだけで調べられるようになっています。

横断歩道を歩きながら検索してまで調べなければいけない理由があるかどうかについては、私もよくは分かりませんが、こうした状態は「スマホ中毒」とも言われています。

それから、学校等では、スマホやケータイの使用は禁じられることが多いようです。確かに、「スマホで調べれば、答えが出てくるではないか」ということであれば、「暗記をしたりする必要はない」という考えも出てくるでしょう。

しかし、「計算機を使えば、別に筆算などできなくてもいいではないか」ということで機械に依存《いぞん》しすぎると、人間の能力が若干低下していき、人間はだんだん〝機械の補助部分〟になっていくと思いますし、実際、そうなりかかっている面もあるでしょう。

9 「悟性《ごせい》」のパワー

悟性のパワー① ――「地上の営《いとな》みを超《こ》えた自分」を見つめる

そこで必要なのは、先ほど述べた「悟性《ごせい》」のところです。

冒頭《ぼうとう》で指摘《してき》したように、ＡＩが入っていきにくい領域として、「クリエイティブ（創造的）なところ」や「トータル・マネジメント的なところ」、「人対人の交渉事《こうしょうごと》や人間関係のところ」があります。こうしたところは、機械類は弱いのです。

ＡＩが入っていきにくい領域として、
「クリエイティブ（創造的）なところ」や
「トータル・マネジメント的なところ」、
「人対人の交渉事《こうしょうごと》や人間関係のところ」が
あります。
こうしたところは、機械類は弱いのです。

そして、実は、悟性というものは、地上にあるすべての営《いとな》みを超《こ》えた自分を見つめるところから始まっていきます。

なぜ、メディテーション（瞑想《めいそう》）が求められるのか

この説法《せっぽう》をした当日の新聞（日本経済新聞日曜版）に、あるお坊《ぼう》さんのインタビュー記事と写真が大きく載《の》っていて、そこには、「忙《いそが》し過ぎると心が亡《ほろ》びる」という言葉が書いてありました。「忙しい」という言葉は、心を表す「りっしんべん」に「亡」と書きますが、「心を亡《な》くす。それが忙しいということなのだ」ということです。

現代人は、ある意味では、忙しくしていないといられないわけですが、「忙

しくしていることによって、心を失っているのではないか」と言われています。一方、宗教的な悟《さと》りを求める行為《こうい》のなかには、人里離《はな》れた山寺のようなところで、実にシンプルな生活をしながら瞑想《めいそう》をするとか、洞窟《どうくつ》のなかに籠《こ》もるとかいうように、「独《ひと》りになる」という傾向《けいこう》が非常に強いのです。仏教も同じです。「森のなかで独りで坐禅《ざぜん》をする」、あるいは、「河原《かわら》で岩の上に座《すわ》って禅定《ぜんじょう》をする」というようなこともあります。

このように、悟りを得る過程においては、群れるのではなく、逆に今度は独りになることもよく勧《すす》められています。そうしなければ、どうやら到達《とうたつ》できないものもあるらしいということです。

悟性のパワー②――活字に表れない「悟《さと》りに到《いた》る過程」

幸福の科学では、いろいろな説法をしていますし、説法したものを集めて活字にし、本として数多く出しています。そのため、教団の外側にいても、私が説いている教えを活字を通して学べるので、概要《がいよう》がだいたい分かるようになっている面もあります。

ただ、外側にいて読むことができるのは、知性的に理解できる教学の部分です。それは、教団の外側にいても、読んで分かるものです。

しかし、心を見つめ、心に目覚めて、悟《さと》りに到《いた》る過程に関しては、その大部分は書かれていないもののなかにあります。

それをやっているのが、実は幸福の科学の精舎《しょうじゃ》です。「泊《と》まり込《こ》みの研修のなかで、独りになって瞑想をする。心を深く見つめる」ということを実践《じっせん》することによって、「人々が生きている三次元現象世界の喧騒《けんそう》から離れて、四次元以降の高次元世界に心を遊離《ゆうり》させる」ということを学んでいるのです。

これは、教学をしただけでは分からないところがあります。教学はきっかけにはなりますし、厚みにはなりますが、教学について、「百科事典を暗記しているような頭」「スマホのような頭」になったところで、悟性の領域は出てきません。「どこの本に何が書いてある」といったことをいくら覚えたところで、悟性は出てこないのです。

悟性を磨《みが》くためには、「独り静かに考える時間」「自分の心の内を見つめていく時間」がどうしても必要になるのです。

●精舎　幸福の科学の大型の参拝《さんぱい》・研修施設《しせつ》。宇都宮《うつのみや》、日光、那須《なす》にある総《そう》本山《ほんざん》・四精舎を中心に全国・全世界に展開。聖地・徳島のほか、琵琶湖《びわこ》、湯布院《ゆふいん》をはじめとする景勝地、東京や大阪、名古屋などの都市部、さらにはハワイ、ブラジル、オーストラリアなどの海外にも建立《こんりゅう》されている。

心を見つめ、心に目覚めて、
悟《さと》りに到《いた》る過程に関しては、
その大部分は
書かれていないもののなかにあります。
それをやっているのが、
実は幸福の科学の精舎《しょうじゃ》です。

悟性のパワー③——三次元世界から人間を遊離《ゆうり》させる

悟性とは、どういうものでしょうか。

三次元にいる人間は、基本的に、肉体を中心とした自己保存の生活をし、自分を護《まも》らなければいけないようにできています。危険から自分を護り、より快適に生きられるような選択《せんたく》をするように、動物も植物も人間も出来上がっているのです。植物のひまわりも、太陽のほうに花を向けて、一日中動いていきます。

しかし、人は、悟性に触《ふ》れて初めて、三次元世界という、この世の世界から遊離《ゆうり》することができるようになるのです。

では、どうすれば悟性に触れて、この世から遊離できるのでしょうか。

それは、まず、「自分自身は、実は、肉体から発生しているものではないのだ。肉体から出ているものは、すべて自分ではない。『頭で考えているのが自分だ』と思うのは間違《まちが》いである。『脳の作用が自分だ』と思うのも間違いである。『神経の作用が自分だ』と思うのも間違いである」ということに気づくことです。

知性・理性や言葉を超《こ》えた「愛する気持ち」

胸が熱くなってくるもののなかに、例えば、「愛」というものがあります。
人を好きになる。相手を愛する気持ちが出てくる。これは、理性的、知性的なものではありません。あえて言うならば、芸術的な感覚に近いものでしょう。

「ある人がある人を好きになる」ということは、言葉を超《こ》えたものがあります。

もちろん、「原因」と「結果」を〝紐付《ひもつ》き〟にしなければ考えられない人もいます。「髪《かみ》の毛が長くてきれいだから、好きだ」とか、「目が大きくてきれいだから、好きだ」とか、「服装の趣味《しゅみ》で、あの人はピンクをよく着る。ピンクは自分が好きな色なので、ピンクを好む彼女が好きだ」とかいうように、原因と結果を条件づけて考えて、自分に言いきかせる人もおそらくいるでしょう。

それは、一般《いっぱん》的に仕事のレベルで判断するのと、かなり近いものであると思われます。芸能プロダクションの人が、いろいろと基準を設《もう》けて、「この子は売れそうだ」と考えたり、服飾《ふくしょく》デザイナーが、美しく見えるような感覚を磨いたりしているようなものでしょう。

これらは、魂的《たましいてき》に人を好きになったりすることとは、若干《じゃっかん》違うものがあると思います。

悟性のパワー④——感情のぶつかりによる苦しみを取り去る

悟性に触れるとは、どういうことでしょうか。

この世で喜怒哀楽《きどあいらく》を中心とした感情的生活を送っていると、ほかの人にも喜怒哀楽があるので、共同生活をしているうちに、いろいろとぶつかりが出てきます。そして、〝へこんだ部分〟について「苦しみ」が生まれてきます。

すると、「その苦しみ、へこんだ部分をどのようにして取り去っていくか。

あるいは、もしそれが間違っているものであるならば、どのようにして正しい方向に向けるか」ということを考える時間が要《い》るようになり、そういうことを知ることが、実は「悟性への接近」ということになるのです。

要するに、「この世を超えた世界から、自分自身はどう見えるのか。ほかの人たちはどう見えるのか。自分たちの集団はどう見えるのか。この国はどう見えるのか。世界はどこに向かっているように見えるのか」ということは、肉体生活の部分を超えたときに、初めて見えてくるようになるのです。

したがって、自分の肉体のなかに宿っている魂の存在に気づき、「魂的に見て、自分は『魂が磨かれ、向上する』という本来の目的どおりに生きているかどうか」ということを見つめることが大事になってきます。

10 「悟性《ごせい》」の四つの磨《みが》き方

磨き方① ——心の曇《くも》りを取り去り、透明《とうめい》さを取り戻《もど》す「反省行《はんせいぎょう》」

その基本の作業の一つとして、まずは、「自分の心がつくった曇《くも》り、窓ガラスの曇りのようなものを、反省によって取り除く」という方法があります。

いつの間にか、この世での塵《ちり》や垢《あか》が心にたくさん溜《た》まっているので、これを取り除くという作業があるのです。心を透明《とうめい》化し、霊天上界《れいてんじょうかい》にある、もう少し精妙《せいみょう》な波動《はどう》と同通するように努力をするわけです。

磨き方②――他の人のためになることを考えて行動する「利他行《りたぎょう》」

もう一つの方法は、この世的に見えるように言えば、次のようなことです。

人間は、自然体で生きていると、「自分自身のために生きたい」という気持ちや、「自己実現や自分の利益になることをしたい」という気持ち、あるいは、自己保存欲があって、例えば、「ほかの人の弁当を取ってでも、自分は今日の午後を空腹でなくいきたい」というような気持ちが出てくるけれども、そういう欲を抑《おさ》えて、「利他《りた》の行《ぎょう》をする」ということです。

利他行とは、「他の人のためになることを考える。他の人のために何かをする。人知れず、そうした功徳《くどく》を積む行為《こうい》をする」ということです。

言葉を換《か》えて言えば、自分の本能から見れば、ストレートには出てこないけれども、「それは自分だけではなくて、他の人をも幸福にする言葉か、行為か。その結果はどうか」ということを考えて、「人の悲しみを、自分の悲しみとして受け止められるか」「人の苦しみを、自分の苦しみとして受け止められるか」ということです。そうした自他一体の気持ちが出てきて、「他の人のために少しでもお役に立ちたい」という気持ちを持てるようになることです。

磨き方③——霊界《れいかい》のハイヤーセルフの眼で自分の生き様《ざま》を照らす

このように、悟性《ごせい》を磨《みが》くには、「反省によって心の曇りを取り除き、心の透明度を増していく」という方法と、それから、こちらも反省と言えば反省ですけれども、「〝自己中〟になって、自分のことばかりを考えていたのではないか。他の人のことを十分に考えていたか」ということを考える利他行の、二つの方法があります。

そして、「利他の心でもって自分自身を見直す」という気持ちになってくると、自分の肉体から離《はな》れた、もっと高いところにいる「ハイヤーセルフ」、つまり、「もっと高い自分自身の眼」で自分を見ることにつながります。

これは「自分の守護霊《しゅごれい》の眼」でもあるし、「指導霊の眼」でもあるし、もっと言えば、「天使や菩薩《ぼさつ》、如来《にょらい》、神、仏の眼」でもあるのです。

このような「ハイヤーセルフの眼」で、自分の生き様《ざま》を照らして見るという努力が必要です。

悟性《ごせい》を磨《みが》くには、
「反省によって心の曇《くも》りを取り除き、
心の透明《とうめい》度を増していく」という方法と、
「〝自己中〟になって、自分のことばかりを
考えていたのではないか。
他の人のことを十分に考えていたか」
ということを考える利他行《りたぎょう》の、
二つの方法があります。

磨き方④――仏教の「共生《ともいき》」を常々考える

自分が他の人との共同生活で起こした不調和や、自由と自由のぶつかりから生じた悪の部分を、反省して取り除き、天上界と通じるような透明な心をつくらなくてはなりません。要するに、「天上界の霊的な光が魂《たましい》に差し込《こ》むようにする作業」を行う必要があるのです。

そして、「自他共に、みな神が創られた存在なのだ」と思って、共感できる生き方をしなくてはなりません。これを仏教的には「共生《ともいき》」といいます。

「共に生きられる世界をつくるには、どうしたらよいのか」ということを常々考えるような人間になっていくと、「悟性」のところが強くなってきます。

11 「悟性《ごせい》」の効用を分析《ぶんせき》

効用① ――考え方が変わり、人格が陶冶《とうや》される

学校の学問では、ここまで行かないのですけれども、宗教に触《ふ》れて悟性《ごせい》が磨《みが》かれ、強くなってくると、自分自身の人格を陶冶《とうや》し、向上を目指すと同時に、「世のため人のためにできることはないか」ということを常々考えるような人間になるのです。

偽善《ぎぜん》とか売名とかプライドとか、そういうものや自尊心のためではなく、

「世のため人のために、自分を活《い》かし切れないか」ということを考えるようになってくるわけです。

効用② ――高い人格に相応する天上界《てんじょうかい》の存在が通じてくる

このようになってくると、魂《たましい》は昇華《しょうか》され、だんだん「高い境地」に上がってきます。「波長同通《はちょうどうつう》の法則」というものによって、その心のあり方に応じた天上界《てんじょうかい》の存在と通じてくるようになるのです。

ところが、心の周りが真っ黒な墨《すみ》のように曇《くも》っていて、自分自身のことばかりを考えて、「もっと、もっと」と思っていると、だんだん魂の比重が重くなり、沈《しず》んでいきます。

『阿含経《あごんきょう》』の仏陀《ぶっだ》の悟《さと》りの言葉

次の話は、仏陀《ぶっだ》が『阿含経《あごんきょう》』のなかで説いていることです。

これを宗教全般《ぜんぱん》について言ってしまうと言いすぎになるとは思いますが、当時のインドで、『ヴェーダ』を聖典《せいてん》とするバラモン教の「先祖供養《くよう》的な祈《いの》り」を信じていた人に対する、仏陀の折伏《しゃくぶく》であり、「対機説法《たいきせっぽう》」の一つです。

「火を焚《た》いて拝《おが》めば、それで先祖は救われ、天国、天上界に還《かえ》れる」と考えている人に対して、仏陀は次のような説法をしたのです。

「あなたに尋《たず》ねるけれども、小石を池に投げ込《こ》んだら、その石はどうなる？　石は浮《う》かぶか」

「いえ、その石は池の底に沈みます」

「そうだろう。浮かばせることはできない。あなたが念じたところで、石は浮かばないだろう。

では、油を池に投げ込んだら、どうなる？　その油を沈められるか」

「いえ、沈めようと思っても、どうしても表面に浮いてきます」

「そうだろう。世の中は、そういうものなのだ」

「因果《いんが》の理法《りほう》」はくらますことができない

「比重の重いものは沈み、比重の軽いものは浮かぶ。この世において、その行いに悪なるものが多かった者は、沈んで地獄《じごく》に堕《お》ち、善なるものが多かった者は、油のように浮き上がって天上界に上がる。

これは因果《いんが》の理法《りほう》であって、これをくらますことはできないのだ。

火を焚いて、『先祖はこれで天国に上がれるのだ』と言ったところで、本人自身が悪を犯《おか》し、魂の比重が重くなり、地獄に堕ちている場合には、浮かび上がらない。

一方、本人自身が、悪を犯さずに善行《ぜんこう》を積んだ場合には、天上界に自然と上がっていく。これは当たり前のことだ」

このような若干《じゃっかん》突《つ》き放した言い方の説法を、仏陀は『阿含経』のなかでしています。

もちろん、宗教のなかには他力《たりき》の部分もそうとうあるので、これで全部を包《ほう》含《がん》できるわけではありませんが、基本原則としては、そういうところがあるのです。

したがって、自分の魂を天上界の波長に近づけるように努力することが宗教修行《しゅぎょう》ですし、幸福の科学の精舎《しょうじゃ》の研修でもあります。そして、それが悟性を磨き、輝《かがや》かせることになるわけです。

効用③——自分の悟《さと》りが高次元の指導力と一体になる

私は、常々、霊《れい》天上界の眼から見て、「この人はどうあるべきか。この組織はどうあるべきか。この国はどうあるべきか。この世界はどうあるべきか」ということを考えていますし、その眼でもって見て、「このように言ったほうがよい」と思うことがあれば、それを言葉にして、みなさんに伝えています。

自分の魂《たましい》を
天上界《てんじょうかい》の波長《はちょう》に近づけるように
努力することが宗教修行《しゅぎょう》ですし、
幸福の科学の精舎《しょうじゃ》の研修でもあります。
そして、
それが悟性《ごせい》を磨《みが》き、
輝《かがや》かせることになるわけです。

この世的な意味での知識や情報による判断だけをしているわけではありません。知識や情報は、あくまでも、「どういうところに問題があるか。解決すべき問題はどこにあるのか」ということを知るためのものです。

人の数だけ悩《なや》みはありますし、人の数だけ事件が起きます。そして、集団をつくれば、さらにそれが複合化して難しくなります。

そうした問題の所在、ありかを知るために、いろいろな勉強は必要だと思いますし、それを推奨《すいしょう》はしますが、その勉強で三次元的に全部を解決できるわけではないのです。

われわれはＡＩではありません。魂の力があり、ＡＩが存在できない高次元世界ともつながっている存在なので、高次元の眼で見て、「かくあるべし」ということをお伝えしています。

最後には、自分自身の悟《さと》りの部分が、高次元の者の指導する力とつながり、一体になってきます。自力と他力が一体化していく力が働いてくるのです。これが「悟りの力」です。

効用④――真実の宗教に学び、天上界《てんじょうかい》につながる「心の中心柱」へ

「悟性を磨く」とは、そういうことなのです。

非常に人生経験が豊富で、苦労して道徳的にも自分を極《きわ》め、刻苦勉励《こっくべんれい》した「偉人《いじん》」といわれる方の言葉の端々《はしばし》には、やはり悟性が光っているので、そういうものからも学べることは確かです。

しかし、究極的には、真実の宗教に目覚めて学び、それを実践《じっせん》しなければ、

悟性というものには辿《たど》り着かないのです。

この「悟性に辿り着かない」ということは、「心に目覚めても、その心の中心にあり、本当に天上界《てんじょうかい》とつながっている中心柱のところにまで届いていない」ということです。それだと、「現象的な喜怒哀楽《きどあいらく》に翻弄《ほんろう》される人生を生きているところから脱《だっ》し切れない」ということになります。

二つの修行《しゅぎょう》によって、「機械の手入れ」では辿《たど》り着けない境地へ

簡単に言えば、自分の日々を振《ふ》り返って、「真理に反している生き方をした」と思えば反省をし、常に利他《りた》の思いでもって、「この世に生かされているものすべてが、自分の魂修行《しゅぎょう》のお役に立ってくれているのだ」と考え、お返しをし

ていく人生、利他の人生を生きることが大事なのです。

この二点に注意を向けていけば、自《おの》ずから心の存在が分かってきますし、心に目覚めてくるだろうと思うのです。

機械類が発展して、知識や情報が豊富に手に入る現代であるからこそ、かえって失われているものもあるかもしれないので、宗教においては、「心に目覚め、心を発見する」という修行が非常に大事です。「これをやらなければ、この世の道具ばかりに対していくら手入れをしても、辿《たど》り着かないものがある」ということを知ったほうがよいと思います。

心の全部については語れませんでしたが、入り口の概論《がいろん》や構造論についてはお話しできたのではないかと思います。

宗教においては、
「心に目覚め、心を発見する」
という修行《しゅぎょう》が非常に大事です。
「これをやらなければ、
この世の道具ばかりに対して
いくら手入れをしても、
辿《たど》り着かないものがある」ということを
知ったほうがよいと思います。

あとがき

ＡＩはロボットと接続して考えられることが多い。

しかしＡＩそのものは、パソコンやスマホ、ケータイなどにも、その機能が及んでいる。将棋《しょうぎ》や囲碁《いご》の名人がＡＩ（人工知能）に敗れはじめ、ＡＩを使いこなせる若手《わかて》が、プロ棋士《きし》として早く昇進している。

世界をこの三次元現象界に限定し、無神論的唯物論のみを〝真理〟と考える教育や常識がこれ以上はびこると、「ＡＩの皇帝」がこの世の支配者になる時代もそう遠くない。戦争も、ＡＩがロボットを使って勝手にやる時代はもうそこまで来ている。

しかし真理は、私の著書『太陽の法』にも書いてある通り、心の探究の奥にある。宗教や哲学では、進歩史観とは逆に、現代人は、二千年前、三千年前の祖師《そし》にとうてい及ばないのだ。

本書が、人間としての「悟り」へのきっかけになることを、私は強く望んでいる。

二〇一九年　八月九日

幸福《こうふく》の科学《かがく》グループ創始者兼総裁《そうししゃけんそうさい》　大川隆法《おおかわりゅうほう》

『心に目覚める』関連書籍

『不滅の法』（大川隆法 著　幸福の科学出版刊）
『青銅の法』（同右）
『心の挑戦』（同右）
『真実の霊能者』（同右）
『宗教者の条件』（同右）
『創造的人間の秘密』（同右）
『心を練る　佐藤一斎の霊言』（同右）

※左記は書店では取り扱っておりません。最寄りの精舎・支部・拠点までお問い合わせください。

『禅定力について』（大川隆法 著　宗教法人幸福の科学刊）

心《こころ》に目覚《めざ》める

──ＡＩ時代を生き抜く「悟性」の磨き方──

2019年８月27日　初版第１刷

著　者　　大《おお》　川《かわ》　隆《りゅう》　法《ほう》

発行所　　幸福の科学出版株式会社

〒107-0052 東京都港区赤坂２丁目10番14号
TEL(03)5573-7700
https://www.irhpress.co.jp/

印刷・製本　株式会社 研文社

落丁・乱丁本はおとりかえいたします

ISBN978-4-8233-0103-2 C0014
カバー，帯 Supphachai Salaeman/Shutterstock.com, fizkes/Shutterstock.com
Sergey Nivens/Shutterstock.com, YEP/a.collectionRF/amanaimages
p.24, 31, 57, 79, 85, 91, 98, 103, 113, 121, 126 Tonktiti/Shutterstock.com
装丁･写真（上記･パブリックドメインを除く）© 幸福の科学

大川隆法ベストセラーズ・AI時代に打ち克つ創造力

創造的人間の秘密

あなたの無限の可能性を引き出し、AI時代に勝ち残る人材になるための、「創造力」「知的体力」「忍耐力」の磨き方が分かる一冊。

1,600円

智慧の法

心のダイヤモンドを輝かせよ

現代における悟りを多角的に説き明かし、人類普遍の真理を導きだす——。「人生において獲得すべき智慧」が、今、ここに語られる。

2,000円

創造する頭脳

人生・組織・国家の未来を開く
クリエイティビティー

最新の世相・時局を自由自在に読み解きつつ、どんな局面からも「成功」を見いだす発想法を指南! 現代を生き抜くための「実践兵法」をあなたへ。

1,500円

大川総裁の読書力

知的自己実現メソッド

区立図書館レベルの蔵書、時速2000ページを超える読書スピード——。1300冊(発刊当時)を超える著作を生み出した驚異の知的生活とは。

1,400円

※表示価格は本体価格(税別)です。

大川隆法ベストセラーズ・豊かで透明な心をつくる

宗教者の条件

「真実」と「誠」を求めつづける生き方

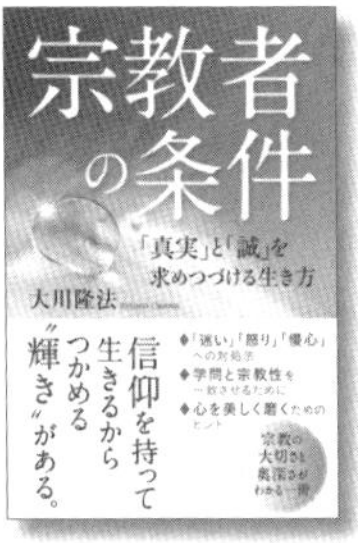

宗教者にとっての成功とは何か――。「心の清らかさ」や「学徳」、「慢心から身を護る術」など、形骸化した宗教界に生命を与える、宗教者必見の一冊。

1,600円

心を育てる「徳」の教育

受験秀才の意外な弱点を分かりやすく解説。チャレンジ精神、自制心、創造性など、わが子に本当の幸福と成功をもたらす「徳」の育て方が明らかに。

1,500円

凡事徹底と静寂の時間

現代における〝禅的生活〟のすすめ

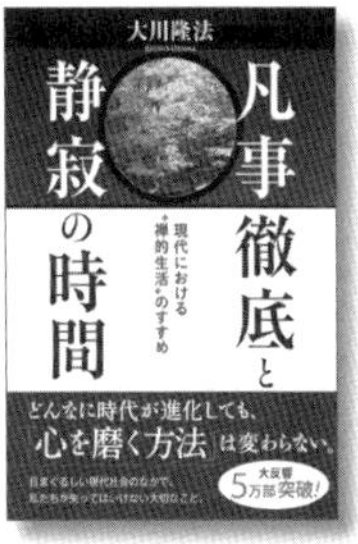

忙しい現代社会のなかで〝本来の自己〟を置き忘れていないか？　「仕事能力」と「精神性」を共に高める〝知的生活のエッセンス〟がこの一冊に。

1,500円

巫女学入門

神とつながる9つの秘儀

限りなく透明な心を磨くための作法と心掛けとは？　古代ギリシャの巫女・ヘレーネが明かした、邪悪なものを祓い、神とつながるための秘訣。

1,400円

大川隆法 ベストセラーズ・真実の悟りを求めて

真実の霊能者

マスターの条件を考える

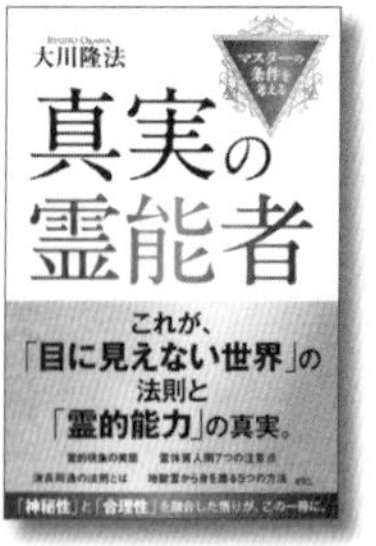

霊能力や宗教現象の「真贋《しんがん》」を見分ける基準はある——。唯物論や不可知論ではなく、「目に見えない世界の法則」を知ることで、真実の人生が始まる。

1,600円

悪魔からの防衛術

「リアル・エクソシズム」入門

現代の「心理学」や「法律学」の奥にある、霊的な「正義」と「悪」の諸相が明らかに。"目に見えない脅威"から、あなたの人生を護る降魔入門。

1,600円

人間学の根本問題

「悟り」を比較分析する

肉体と魂の探究、さらには悟りまでを視野に入れて、初めて人間学は完成する！　世界宗教の開祖、キリストと仏陀から「人間の最高の生き方」を学ぶ。

1,500円

八正道の心

『黄金の法』講義②

2600年前に、人々を「悟り」という名の幸福に導いた釈尊の教えが、今、よみがえる。真実の人生を生きるための智慧が、ここに明かされる。

1,500円

※表示価格は本体価格（税別）です。

大川隆法ベストセラーズ・霊的世界の真実

永遠の法

エル・カンターレの世界観

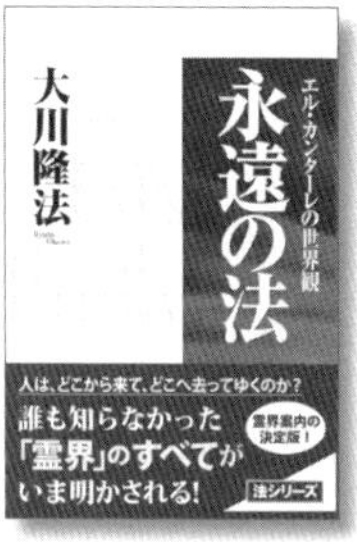

すべての人が死後に旅立つ、あの世の世界。天国と地獄をはじめ、その様子を明確に解き明かした、霊界ガイドブックの決定版。

2,000円

小桜姫の新霊界案内

室町時代に実在した小桜姫が、霊界の様子や生まれ変わりのヒミツを分かりやすくガイド。芸能と関係の深い彼女は今、千眼美子として転生している!?

1,400円

渡部昇一
死後の生活を語る

霊になって半年の衝撃レポート

渡部昇一氏の霊が語るリアルな霊界の様子。地上と異なる「時間」「空間」、そして「価値観」──。あの世を信じたほうが、人は幸せになれる！

1,400円

本当に心は脳の作用か？

立花隆の「臨死体験」と「死後の世界観」を探る

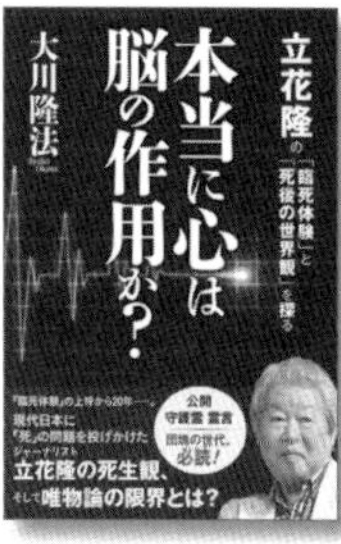

「脳死」や「臨死体験」を研究し続けてきた立花隆氏の守護霊に本音をインタビュー！　現代のインテリが陥りやすい問題点が明らかに。

1,400円

幸福の科学出版

大川隆法シリーズ・**最新刊**

源頼朝はなぜ運命を逆転できたのか

令和日本に必要な武士《もののふ》の精神

平氏の世を逆転させた源頼朝が武士道精神の復活を語る。2019年参院選の総括や高まる国防危機、マスコミの争点隠しなど、腐敗した現代日本をズバッと斬る！

1,400円

実戦・選挙学入門

日本社会の弱点とあるべき未来

大川隆法　大川裕太　共著

2019年の参院選レポートをもとに、政治とマスコミの問題点を徹底分析！　国防や経済など、重要争点を隠した選挙戦がもたらす危機に警鐘を鳴らす。

1,500円

「月刊WiLL」立林編集長リーディング

参院選前後に、宏洋氏による虚偽の中傷記事を掲載した「月刊WiLL」。掲載の狙い、読者任せの事実認定、失われた保守系雑誌の気概、その実態を糺す。

1,400円

娘から見た大川隆法

大川咲也加 著

幼いころの思い出、家族思いの父としての顔、大病からの復活、そして不惜身命の姿――。実の娘が28年間のエピソードと共に綴る、大川総裁の素顔。

1,400円

※表示価格は本体価格（税別）です。

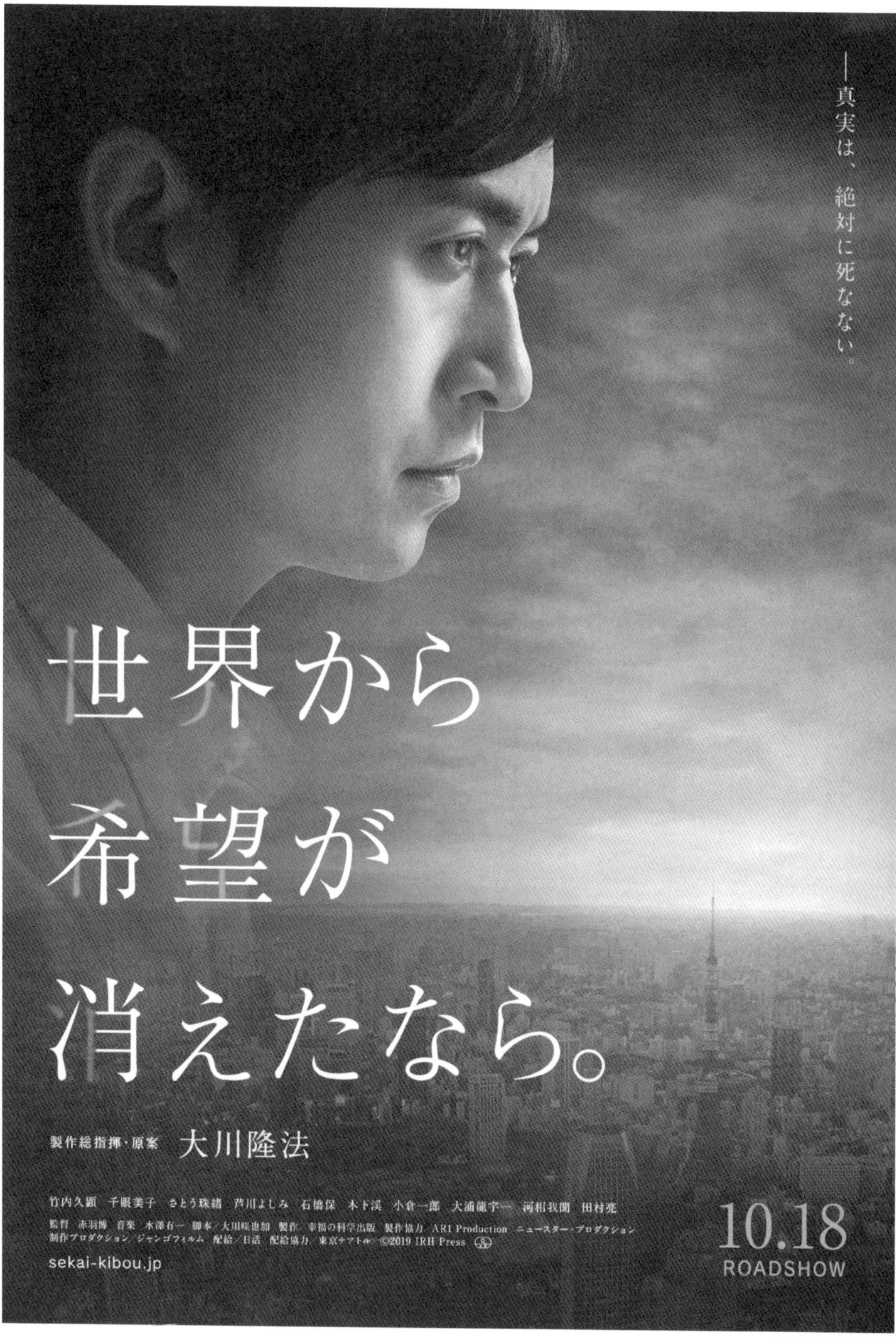

―真実は、絶対に死なない。
世界から希望が消えたなら。
製作総指揮・原案 大川隆法
竹内久顕 千眼美子 さとう珠緒 芦川よしみ 石橋保 木下渓 小倉一郎 大浦龍宇一 河相我聞 田村亮
監督 赤羽博 音楽 水澤有一 脚本／大川咲也加 製作 幸福の科学出版 製作協力 ARI Production ニュースター・プロダクション
制作プロダクション／ジャンゴフィルム 配給／日活 配給協力／東京テアトル ©2019 IRH Press
sekai-kibou.jp
10.18
ROADSHOW

幸福の科学グループのご案内

宗教、教育、政治、出版などの活動を通じて、地球的ユートピアの実現を目指しています。

幸福の科学

一九八六年に立宗。信仰の対象は、地球系霊団の最高大霊、主エル・カンターレ。世界百カ国以上の国々に信者を持ち、全人類救済という尊い使命のもと、信者は、「愛」と「悟り」と「ユートピア建設」の教えの実践、伝道に励んでいます。

（二〇一九年八月現在）

愛

幸福の科学の「愛」とは、与える愛です。これは、仏教の慈悲《じひ》や布施《ふせ》の精神と同じことです。信者は、仏法真理をお伝えすることを通して、多くの方に幸福な人生を送っていただくための活動に励んでいます。

悟り

「悟り」とは、自らが仏の子であることを知るということです。教学《きょうがく》や精神統一によって心を磨き、智慧《ちえ》を得て悩みを解決すると共に、天使・菩薩《ぼさつ》の境地を目指し、より多くの人を救える力を身につけていきます。

ユートピア建設

私たち人間は、地上に理想世界を建設するという尊い使命を持って生まれてきています。社会の悪を押しとどめ、善を推し進めるために、信者はさまざまな活動に積極的に参加しています。

国内外の世界で貧困や災害、心の病で苦しんでいる人々に対しては、現地メンバーや支援団体と連携して、物心両面にわたり、あらゆる手段で手を差し伸べています。

年間約２万人の自殺者を減らすため、全国各地で街頭キャンペーンを展開しています。

公式サイト **www.withyou-hs.net**

ヘレン・ケラーを理想として活動する、ハンディキャップを持つ方とボランティアの会です。視聴覚障害者、肢体不自由な方々に仏法真理を学んでいただくための、さまざまなサポートをしています。

公式サイト **www.helen-hs.net**

入会のご案内

幸福の科学では、大川隆法総裁が説く仏法真理《ぶっぽうしんり》をもとに、「どうすれば幸福になれるのか、また、他の人を幸福にできるのか」を学び、実践しています。

入会　仏法真理を学んでみたい方へ

大川隆法総裁の教えを信じ、学ぼうとする方なら、どなたでも入会できます。入会された方には、『入会版「正心法語《しょうしんほうご》」』が授与されます。

ネット入会　入会ご希望の方はネットからも入会できます。
happy-science.jp/joinus

三帰《さんき》誓願《せいがん》　信仰をさらに深めたい方へ

仏弟子としてさらに信仰を深めたい方は、仏《ぶっ》・法《ぽう》・僧《そう》の三宝《さんぽう》への帰依を誓う「三帰誓願式」を受けることができます。三帰誓願者には、『仏説・正心法語』『祈願文《きがんもん》①』『祈願文②』『エル・カンターレへの祈り』が授与されます。

幸福の科学 サービスセンター
TEL 03-5793-1727
受付時間／
火～金：10～20時
土・日祝：10～18時
（月曜を除く）

幸福の科学 公式サイト
happy-science.jp

HSU ハッピー・サイエンス・ユニバーシティ

Happy Science University

ハッピー・サイエンス・ユニバーシティとは

ハッピー・サイエンス・ユニバーシティ(HSU)は、大川隆法総裁が設立された「現代の松下村塾」であり、「日本発の本格私学」です。建学の精神として「幸福の探究と新文明の創造」を掲げ、チャレンジ精神にあふれ、新時代を切り拓く人材の輩出を目指します。

人間幸福学部　経営成功学部　未来産業学部

HSU長生キャンパス TEL **0475-32-7770**

〒299-4325　千葉県長生郡長生村一松丙 4427-1

未来創造学部

HSU未来創造・東京キャンパス

TEL **03-3699-7707**

〒136-0076　東京都江東区南砂2-6-5　公式サイト **happy-science.university**

学校法人 幸福の科学学園

学校法人 幸福の科学学園は、幸福の科学の教育理念のもとにつくられた教育機関です。人間にとって最も大切な宗教教育の導入を通じて精神性を高めながら、ユートピア建設に貢献する人材輩出を目指しています。

幸福の科学学園

中学校・高等学校(那須本校)

2010年4月開校・栃木県那須郡(男女共学・全寮制)

TEL **0287-75-7777** 公式サイト **happy-science.ac.jp**

関西中学校・高等学校(関西校)

2013年4月開校・滋賀県大津市(男女共学・寮及び通学)

TEL **077-573-7774** 公式サイト **kansai.happy-science.ac.jp**

仏法真理塾「サクセスNo.1」

全国に本校・拠点・支部校を展開する、幸福の科学による信仰教育の機関です。小学生・中学生・高校生を対象に、信仰教育・徳育にウエイトを置きつつ、将来、社会人として活躍するための学力養成にも力を注いでいます。

TEL 03-5750-0747(東京本校)

エンゼルプランV TEL 03-5750-0757

幼少時からの心の教育を大切にして、信仰をベースにした幼児教育を行っています。

不登校児支援スクール「ネバー・マインド」 TEL 03-5750-1741

心の面からのアプローチを重視して、不登校の子供たちを支援しています。

ユー・アー・エンゼル!(あなたは天使!)運動

一般社団法人 ユー・アー・エンゼル TEL 03-6426-7797

障害児の不安や悩みに取り組み、ご両親を励まし、勇気づける、
障害児支援のボランティア運動を展開しています。

NPO活動支援

いじめから子供を守ろうネットワーク

学校からのいじめ追放を目指し、さまざまな社会提言をしています。また、各地でのシンポジウムや学校への啓発ポスター掲示等に取り組む一般財団法人「いじめから子供を守ろうネットワーク」を支援しています。

公式サイト mamoro.org ブログ blog.mamoro.org

相談窓口 TEL.03-5544-8989

百歳まで生きる会

「百歳まで生きる会」は、生涯現役人生を掲げ、友達づくり、生きがいづくりをめざしている幸福の科学のシニア信者の集まりです。

シニア・プラン21

生涯反省で人生を再生・新生し、希望に満ちた生涯現役人生を生きる仏法真理道場です。定期的に開催される研修には、年齢を問わず、多くの方が参加しています。全世界200カ所(国内187カ所、海外13カ所)で開校中。

【東京校】TEL 03-6384-0778 FAX 03-6384-0779
メール senior-plan@kofuku-no-kagaku.or.jp

幸福実現党

内憂外患《ないゆうがいかん》の国難に立ち向かうべく、2009年5月に幸福実現党を立党しました。創立者である大川隆法党総裁の精神的指導のもと、宗教だけでは解決できない問題に取り組み、幸福を具体化するための力になっています。

幸福実現党 釈量子サイト **shaku-ryoko.net**

Twitter **釈量子@shakuryokoで検索**

党の機関紙
「幸福実現NEWS」

幸福実現党 党員募集中

あなたも幸福を実現する政治に参画しませんか。

○幸福実現党の理念と綱領、政策に賛同する18歳以上の方なら、どなたでも参加いただけます。

○党費：正党員（年額5千円［学生 年額2千円］）、特別党員（年額10万円以上）、家族党員（年額2千円）

○党員資格は党費を入金された日から1年間です。

○正党員、特別党員の皆様には機関紙「幸福実現NEWS（党員版）」（不定期発行）が送付されます。

＊申込書は、下記、幸福実現党公式サイトでダウンロードできます。

住所：〒107-0052　東京都港区赤坂2-10-8 6階 幸福実現党本部
TEL **03-6441-0754**　FAX **03-6441-0764**
公式サイト **hr-party.jp**

幸福の科学出版

大川隆法総裁の仏法真理の書を中心に、ビジネス、自己啓発、小説など、さまざまなジャンルの書籍・雑誌を出版しています。他にも、映画事業、文学・学術発展のための振興事業、テレビ・ラジオ番組の提供など、幸福の科学文化を広げる事業を行っています。

アー・ユー・ハッピー？
are-you-happy.com

ザ・リバティ
the-liberty.com

幸福の科学出版
TEL **03-5573-7700**
公式サイト **irhpress.co.jp**

THE FACT
ザ・ファクト
マスコミが報道しない「事実」を世界に伝えるネット・オピニオン番組

ザ・ファクト 検索

NEW STAR PRODUCTION

ニュースター・プロダクション

「新時代の美」を創造する芸能プロダクションです。多くの方々に良き感化を与えられるような魅力あふれるタレントを世に送り出すべく、日々、活動しています。 公式サイト **newstarpro.co.jp**

ARI《アリ》 Production《プロダクション》

タレント一人ひとりの個性や魅力を引き出し、「新時代を創造するエンターテインメント」をコンセプトに、世の中に精神的価値のある作品を提供していく芸能プロダクションです。 公式サイト **aripro.co.jp**

大川隆法　講演会のご案内

大川隆法総裁の講演会が全国各地で開催されています。講演のなかでは、毎回、「世界教師」としての立場から、幸福な人生を生きるための心の教えをはじめ、世界各地で起きている宗教対立、紛争、国際政治や経済といった時事問題に対する指針など、日本と世界がさらなる繁栄の未来を実現するための道筋が示されています。

2019 年 5 月 14 日 幕張メッセ「自由・民主・信仰の世界」

2019 年 3 月 3 日 グランド ハイアット 台北（台湾）「愛は憎しみを超えて」

2019 年 7 月 5 日 福岡国際センター「人生に自信を持て」

2018 年 10 月 7 日 ザ・リッツカールトン ベルリン（ドイツ）「Love for the Future」

2019 年 7 月 13 日 ホテル イースト 21 東京「幸福への論点」

講演会には、どなたでもご参加いただけます。
最新の講演会の開催情報はこちらへ。⟹

大川隆法総裁公式サイト
https://ryuho-okawa.org